LA DULZURA DE LOS NAUFRAGIOS
THE SWEETNESS OF SHIPWRECKS

La dulzura de los naufragios
The Sweetness of Shipwrecks
© Karla Marrufo / Allison A. deFreese / Monika Malgorzata Gabrys / Cathexis Northwest Press

No part of this book may be reproduced without written permission of the
publisher or author, except in reviews and articles.

First Printing: 2025

ISBN: 978-1-952869-94-5

Cover image by Monika Malgorzata Gabrys
Editing & Design by C. M. Tollefson
Cathexis Northwest Press

cathexisnorthwestpress.com

LA DULZURA DE LOS NAUFRAGIOS
THE SWEETNESS OF SHIPWRECKS
BY KARLA MARRUFO
TRANSLATED FROM THE SPANISH BY ALLISON A. DEFREESE

Cathexis Northwest Press

TABLA DE CONTENIDO

Puntos cardinales	10
La dulzura de los naufragios	18
Canción del tierno caníbal	48
Caja de juguetes	64

TABLE OF CONTENTS

Cardinal Points	11
The Sweetness of Shipwrecks	19
Song of the Tender Cannibal	49
Toy Box	65

PUNTOS CARDINALES

como se tempo fosse um lugar,
como se infância fosse um ponto
cardeal eternamente possível.
Ondjaki

CARDINAL POINTS

as if time were place,
as if childhood were a cardinal point
eternally possible.
Ondjaki

porque dentro de nosotros
está el sur
y está el invierno nuestro
con su bravura de soles
que nunca cesa
y está la calle sola
y sola está la piedra
en que esperarte

porque a veces muy adentro
está también el mar
y la orilla de unas manos
que no supieron cómo
que no entendieron dónde
dejar intacto el sueño
y tus alas
de papel

porque el tiempo se viste
de una tristeza muda
y la tarde acaso de silencio
y de días rojos
he dejado de pasar
los días en el calendario

porque a veces dentro de mí
están tu mentira fugaz
y los reinos que entonces
trazaste entre las nubes
recuerdo un cielo de espuma
en que inventar
tu norte pequeñito

porque aún llevo la nostalgia
de la edad que no cumpliste
y del reloj de tus ojos
contando un instante
que tampoco cesa
me he guardado tu voz
sin cascabeles
ni fisuras

because the south
is within us
as is our winter
with the ceaseless fierceness
of its suns
and within us this lonely street
this stone, standing alone,
where i wait for you

because sometimes deep inside us
is the sea
the edges of hands
whose shores never realized
and didn't understand how
to leave dreams intact
along with your paper
wings

because time dresses up
in mute sadness
and the afternoon perhaps wears silence
and red days
i have stopped turning
pages on the calendar

because sometimes inside me
i find your fleeting lie
and the kingdoms
you drew among the clouds
i remember a seafoam sky
where i invented
your tiny north

because i still hold onto the nostalgia
of the age you never reached
and the clocks in your eyes
counting a moment
that never ended
i have kept your voice:
without bells,
without cracks

porque en ti también nacía el sur
reconozco que venciste
sin saberlo
el huracán de una sombra al mediodía
y me dejaste un ocaso
donde dar la vuelta al mundo
sin dejar de estar
aquí

porque aún te me apareces
al pie de la escalera
con tu vestido azul
y tus flores de ave lívida
comprendo esos días
ya escritos en la piedra
y tu soberbia
al exhibir los incisivos

aunque algunos dijeron que sonreíste
fue mejor guardar justa distancia
y escanciar este polvo
hacia otra parte
hacia una senda menos recta
y transitada

porque sabías
aquellas cosas del sol
y sus caprichos
lo mejor fue callar
y fingir el asombro inútil
de ciertas aves
al borde del alpiste

porque al amanecer
dejaste abierta la sonrisa
hacia adentro
hacia el sur de lo que somos
descubrí tu sed
de monstruo herido
y el pacto
de nuestra sangre dulce

because the south also rose in you
i see how you conquered
the shadow's midday hurricane
without realizing it
and gave me a sunset
that circled round the world
without ever leaving
here

because you still appear to me
at the foot of the stairs
in your blue dress
with your pale bird flowers
i understand those days
are now written on the stone
and in your pride
when you flashed your incisors

though some said that you were smiling
it was better to keep a safe distance
and scatter this dust
elsewhere
onto a less straight
and less-traveled path

because you knew
things about the sun
and its whims
it was best to remain silent
and feign the hopeless amazement
of certain birds
perched at the edge of their seeds

because at dawn
you let your smile
open inwards
towards the south of what we are
i discovered
your wounded monster thirst
the promise held
in our sweet blood

porque desde hace tiempo
nos lo advirtieron
no habrá en nosotros nunca amor por la ceniza
ni rastro de cordura

y porque
en fin
a veces hacia adentro somos sur
te escribo
este barco de papel
irreversible

pues ya desde hace mucho
mucho tiempo
nos lo advirtieron
niña
volver la espalda nos convierte en sal

because for a time
they warned us
we would find no love in the ashes
nor any trace of sanity

and because
at the end
sometimes, inwardly, we are the south
i'm writing
this irreversible paper boat
to you

because for a long time now
such a very long time
they warned us
girl
turning your back will turn us into salt

LA DULZURA DE LOS NAUFRAGIOS

(en la ruta del naufragio, la brújula apuntará siempre al corazón)
jorge esquinca

THE SWEETNESS OF SHIPWRECKS

(in the shipwreck's path, the compass always point toward the heart)
                                                          jorge esquinca

yo también me abrazaba a mis zapatos para navegar la noche. Pero un día llegaste con tu llanto de sirena a la deriva y me convenciste de cambiar los pies por las escamas, de atravesar uno a uno todos los reinos fundados en las olas. dijeron que no debía escucharte, que en tu sangre había hecho nido la aguamala y no tenías remedio

estábamos tan mar adentro entonces, que apenas alcanzamos a oír balbuceos de loco en tierra firme

i too hugged my shoes close to navigate the night. but you came one day with your drifting mermaid's call, convincing me to exchange my feet for scales, to cross—one by one—every kingdom ever built on waves. they told me not to listen to you, that jellyfish had nested in your blood, that you were incurable

by then we were so far at sea, we could barely hear the mad babblings on dry land

nacimos temprano
:
era una mañana de cabellos negros
y charol

tu vestido llevaba el encaje de la ira
y mi falda tan solo la consigna de seguirte
por el monte
por el mar
por el pueblo
por el sueño
por la vida
y la muerte
que somos al nacer

abrimos los ojos
:
era una mañana muda del canto de las aves
y sin cobijo alguno en los helechos

por eso fuimos
desde el primer día
una brújula de tiempo
desesperada

                      we were born early
:

          on a morning of dark hair
              and patent leather

    your dress was trimmed in a lace rage
my skirt hemmed with instructions to follow you
                 over the mountains
                       and the sea
                    through town
                  through dreams
                 through the life
                      and death
               we are from birth

                 we opened our eyes
:

it was a mute morning without birdsongs
              without the cover of ferns

                         that's why
                   from the first day
            we were a compass clock
                 keeping desperate
                            time

dicen que el mar no tiene memoria, que sus recuerdos viven ocultos en la espuma y se desvanecen al tocar la playa
lo que no dicen o ignoran es que un poco más allá, donde los segundos se revuelcan a sí mismos por no haber aprendido el idioma de las olas, hay una historia muy antigua de cuando los hombres eran peces. eran peces y amaban con los ojos abiertos
tú nunca serías un pez y por eso tu furia y la maldición en tus palabras

desde aquella noche tu sangre empezó a fluir con un triste y excesivo dulzor

y pasaron varios días antes de que quisieras volver a jugar a los piratas

they say the sea has no memory; that its memories remain hidden in foam and vanish as soon as they touch shore
what they don't say or don't know is that a little further out, where seconds roll over onto one another because they've never learned the language of waves, is a very old story from when men were fish; fish that loved with open eyes
you could never be a fish; therefore, your anger, the curses in your words

from that night, your blood began flowing with a sad, excessive sweetness

and it was several days before you wanted to play pirates again

nada había en la tierra
que no hablara de ti
:
el hervor de la sopa
el café espinoso
la rebeldía de los gansos
;
es que nada había en el monte
que no te nombrara
criatura suya
fruto de sí
retoño y misterio

por eso el viento te reclamaba
silbando conjuros entre las hojas
:
a la tierra lo que es de la tierra

nothing on this earth
did not speak of you
:
soup coming to a boil
prickly coffee with its bitter taste
the rebellious geese
;
nothing on the mountain
did not call your name
you were its creation
its offspring
its new shoots and mystery

and so the wind claimed you
whistling spells among the leaves
:
ashes to ashes, earth to earth

yo también escondía los dulces para comerlos después. luego llegaste tú y aprendí a hacer de la sal mi hogar sin nombre y sin fronteras. en un grano de sal caben las cosas imposibles y las que sólo se aparecen en sueños. ahí guardamos el alma de cuatro gatos fallecidos en el centro del misterio, tus delirios de fiebre en madrugada y los paisajes en la flor de la vainilla. ahí vertimos, una a una, tus mentiras de canela y limonaria, las jeringas que horadaron tus muslos y tu vientre
en un grano de sal quise poner tu vocación caníbal de comerte la noche, algo del fulgor en el tropiezo de las palomas. pero había tal prisa en ti que devoramos la sal con sus universos dentro

y todavía siento la sed de esa herida en la memoria

i too stashed my sweets away to eat later. then you came and i learned to build my own nameless and borderless home out of salt. the impossible can fit within a grain of salt, in things that only come to us in dreams. inside we kept the souls of four cats who had passed away in mystery, your feverish delirium at daybreak, and the landscapes hidden in a vanilla flower. into it we poured, drop by drop, your cinnamon and lemongrass lies, the syringes whose needles sunk deep into your thighs and belly
how i longed to lock your cannibal calling away in a grain of salt, to devour the night, something like the flash of feathers when doves stumble. but inside you was such haste that we devoured the salt crystals whole, and with them the universes inside

and i am still thirsty from that wound to my memory

pero en ti
nada era invocación
sino ritual
:
sino agreste
escrito en los ojos de las bestias
al pedir perdón
al pedir permiso
para pisar su sangre
aún latiendo
y beber de esa vida que se escapa
porque sí
así es la vida
y así aprendimos a
tomarla
cucharada a cucharada
antes de ir a dormir

but inside you
were no spells,
only rituals
:
only the wildness
written in animal eyes
asking for forgiveness
asking for permission
to tread on blood
still pulsing from the vein
and drink the life escaping from it
because, yes
life is like that
and this is how we learned
to lap it up
tablespoon by tablespoon
before bed.

yo también escondía los juguetes para que nadie más los tocara. pero luego llegaste tú y me mostraste los astros que palpitan en el corazón de las cosas: hay paredes que hablan, muñecas que juzgan, ruedas que lloran. hay que aprender su idioma y después guardar silencio nunca rompimos esa promesa

pero la hamaca aún me arrulla con canciones gemelas de tu risa

i too hid my toys so that no one else would touch them. but then you came and showed me how stars beat in the hearts of things: that some walls speak, some dolls cast judgment, and some wheels weep. one must learn the language of objects, then keep quiet we never broke that promise

though my hammock still sings me to sleep with songs exactly like your laughter

y éramos un ritual
de cantos nocturnos
y confesiones al pie de los naranjos
:

*tengo la fiebre amarilla
y la tos azul de las cavernas
tengo en la piel
los verdes espejismos del duende
y el vuelo sin tiempo de los pájaros
:
desde ahí nos he visto caer
en la redonda inquietud de un tiempo limpio
sin horarios en el sueño
ni en la cena*

:

y nuestra consigna siempre fue la de llevarnos
fielmente en los bolsillos
de regreso a la primera mañana

and once we were the ritual
of night songs
and confessions at the foot of orange trees
:

*i have yellow fever
and the blue cough from the caverns
my skin
reflects an elf's green illusion
and birds in timeless flight
:
from there I've watched us fall
into the rounded restlessness of pure time
with no specific schedule for our dreams
or even for dinner*

:

and our instructions were always to carry each other
faithfully home in each other's pockets
back to that first morning

también volvimos al mar. las cosas del mar cuentan historias de muerte. pero son muertes felices, dijiste. ahí vi cómo tu cuerpo se hizo espuma y desapareció en la playa. yo quise escribir en ella las palabras que inventamos bajo la sombra huraña de las palmeras. pero la arena fue tanta, fue tanta la sal, que a ti se te ocurrió jugar a las estatuas

y aún escucho los murmullos de tus adioses envarados en la costa

we too returned to the sea. and sea things tell stories about death. but these are the happy deaths, you said. i watched your body turn to foam and evaporate on the beach. beneath the sullen shade of the palm trees i wanted to write all the words we had invented. but there was so much sand, so much salt that you decided to play
statue

and i can still hear the murmur of your goodbyes stiffening on the shore

huir temprano
:
cómo retumba el corazón
de las hormigas en plena madrugada

cómo escuece este frío
que no es frío
sino una fiesta de tambores
en la carne

yo sólo quería seguirte
por la muerte
por la vida
por el pueblo
el mar
y el monte que somos
al nacer

pero huir temprano
fue bajar la guardia
y regresar
sin saberlo
a los zarpazos del sol

to run away early
:
how the ants'
heartbeat thunders as day breaks

how this cold stings
that isn't cold at all
but a drum festival
in the flesh

i only wanted to follow you
through death
through life
around town
into the sea
and up the mountain we are
at birth

but running away earlier
meant lowering my guard
and returning
without realizing it
into the claws of the sun

dicen que son incontables los misterios del monte. no sé cómo, pero tú los descifraste uno a uno a la luz del alba: mientras yo aprendía sobre el coraje de los gallos estudiando en el lodo las huellas de tus pies pequeños, tú ejecutabas una danza de rosas y golondrinas nadie nos creyó cuando encontramos la cifra exacta del infinito en un tamarindo amoratado, ni cuando descubrimos que un cardenal gorjeando al centro de la jaula no es más que el temblor de un corazón agonizante

así eran nuestros veranos coleccionando espejos

they say the mountain holds innumerable mysteries. i don't know how, but you revealed them all in the light at sunrise: meanwhile, i learned the roosters' courage, examined their tiny footprints in mud as you performed a dance of roses and swallows no one believed us when we found a perfect infinity symbol inside a purple tamarind, nor when we discovered that the crested cardinal singing at the center of its cage is nothing other than the tremble of a heart about to die

and so we spent our summers collecting mirrors

pero
ningún camino va de regreso
no hay sitio al cual volver
:
todo es presente

and yet
no path can take us back
there is nowhere to return
:
everything exists in the present

aprender. así aprendimos a reconocer el destino en nuestros nombres, en nuestras manos y pies, en las pupilas que se esconden de la luz de ciertos días. así nos entrenamos para conservar la quietud de la zarigüeya amenazada. porque fingir a diario la muerte requiere disciplina. requiere de cautela y devoción abrazarse a la fugacidad de las alas abiertas empezando a batir hacia el cielo sin que nadie más lo note
sin que nadie más insista en que volar no es necesario

así te miro a veces en los ojos firmes de las gaviotas que siguen volviendo a la playa

to learn. and so we learned to recognize destiny in our names, in our hands and feet, our pupils that hide themselves from the light on certain days. and so we prepared to lie still and stay quiet like a threatened possum. because feigning death each day takes discipline. accepting the impermanence of opening wings requires caution and care, as they beat skywards though no one else notices
though no one else is insisting, there is no reason to fly

so sometimes i see you in the steady gaze of seagulls who keep returning to the beach

y cada día me recuerda
que el naufragio menos dulce
nos sorprende con los pies en tierra firme

and every day reminds me
that the most bitter shipwrecks
can surprise us even with our feet on dry land

CANCIÓN DEL TIERNO CANÍBAL

yo sólo quería hallarte con mi propio silencio.

Eduardo Langagne

SONG OF THE TENDER CANNIBAL

all I wanted was to find you through my own silence.
                                        Eduardo Langagne

/

> *jugaremos por la*
> *noche mientras*
> *la fiebre se va*

arrullaré tu suspiro en el cuenco de la hamaca
      con la paciencia del perro
        velando el insomnio de su amo
entre las moscas zumbonas

te mirarás así
      a media asta los párpados
los sueños
mudos del aullido en tus entrañas

entonces yo canto
la canción sin cunas
y desprendo
uña a uña
la dulzura del fuego

> *jugaremos en el monte*
> *mientras el odio se va*

mientras las hojas del mango nos arrojen sus destellos de verano
y los caracoles sigan trazando un camino entre las ceibas

sólo así volveremos a ser nadie
      otra vez nadie
ocultas en la pequeñez de las hormigas
ataviadas
tan humildemente
con el corazón de las migajas
y no habremos llegado tarde ya verás
seremos el tiempo justo
el café amargo
en su hervor de amaneceres
y nadie nos verá partir

> *jugaremos con el dolo*
> *mientras el lobo se va*

/

> *let's play at*
> *night as the*
> *fever falls*

i'll rock your sighs to sleep in the hammock's basin
      with the patience of the dog
      surrounded by buzzing flies
as he watches over his master's insomnia

      eyelids at half mast
you'll watch yourself
your dreams
silenced by the howl inside you

then i sing this lullaby
a rhyme with no nursery
and clip
claw by claw
these flames of sweet fire

> *let's play on the hill*
> *as hate dissipates*

as leaves from the mango tree cast their summer glimmer toward us
and snails continue to trace their path between the spiny ceiba trees

only then will we become nobody again
      no one once more
hidden inside the ants' tiny bodies
decked out
so humbly
in the crumb hearts
and we won't be late at all you'll see
we'll be just the right time
for bitter coffee
with its boiling sunrise
and no one will see us part

> *let's play deception*
> *as the wolf leaves*

y tu sangre azucarada hará una fiesta de muertos
con tu risa tan arriba
sobre el altar de noviembre
que entre las fotos grises
verterás tu risa como miel de luna

y me mirarás ahí
retorciendo la noche
y el cuello de los pavos decembrinos

para que no nos encuentren
volaremos en medio del escándalo
plumario
sin hervirnos la piel
nunca la piel

    de la tierra roja
    a la pluma blanca
    de la pluma negra
    al árbol de la vida

y no habrá castigo alguno
cuando demos sepultura a las agujas
al pie de los tamarindos

    jugaremos en el lodo
    mientras el dolor se va

mientras repique en las noches
ese fulgor amarillo
que gota agota

tu vientre cansado
y amanezca
tan dulcemente
que el sol se desgaje
al escuchar
el canto de nuestras ojeras

    jugaremos cada día
    mientras tus sueños
    se van porque si el
    lobo aparece...

and your sugared blood will hold a celebration for the dead
your laughter rising high
on the november altar
among the gray photos
your laughter spilling like moon honey

twisting the night
and the necks of december turkeys
you'll watch me

without scalding our skins
never the skin
let's fly into the center of this plumed
scandal
where they'll never find us

> from the red earth
> to the white feather
> from the black plumage
> to the tree of life

and no one will punish us
when we hold a funeral for needles
at the foot of the tamarind tree

> *let's play in the mud*
> *as the pain passes*

while a glistening
yellow sounds in the
night

dripping and ringing out
dropping in exhaustion
onto your tired tummy
and day breaks so sweetly
that the sun splits into segments
when it hears dark circles under our eyes, singing

> *let's play everyday*
> *as your dream begin*
> *leaving because what if the*
> *wolf comes . . .*

/

porque si el alma se aleja
cumplimos
       otra vez
nuestros diez años

                      si deja
                      abajo
                   el cuerpo
             con mapas cicatrices
              nos enredamos
               en la estrella
             que rueda bicicleta
              flotamos globo
              pez perro muerto
                otro globo
              hasta reventar
lagartijas de sol y de albarrada
            cuánta transparencia
              mirar los hijos
                los nidos
               las cáscaras
                del huevo
                furia blanca
              en tus costillas
                bajo las alas
                hay gansos
          patos al pie de las fuentes
              tu furia se mece
                  y mece
                 la ronda
                 olvidada
                del muerto
             usurpar los huesos
            flores de camposanto
                bajo el sol
                los gusanos
              vacas de rastro
              caldo de carne
            boca seca sin sal
              sueño el dolor
                del caballo

/

because if the soul moves further away
we turn
ten-years-old
       again

               if we leave
                behind
              our bodies
       with their maps of scars
        we'll get tangled
           in the star
     that rolls a bicycle wheel
     and floats like a balloon
        fish dog-dead
       another balloon
         left to burst
     sun and stone lizards
    with such transparency
   watching their offspring
        their nests
       their eggshell
        white fury
       for your ribs
      under your wings
     are the geese feet
  at the base of the fountains
   your fury rocks and sways
      death walking
    to a forgotten rhyme
       seizing bones
     cemetery flowers
      under the sun
         worms
   slaughterhouse cows
       beef broth
   dry mouth unsalted
        i dream
   of the horse's pain
    of horseshoes
    burning marks
      on skin

y la herradura
los signos ardientes
en la piel de ellos
ser dueños
no esclavos
porque duele
el fierro
y el rojo
en las corridas
los toros
solos
con ojos
ya grises
ya tristes
ya cuernos
ya polvo
ya sangre
ya tablas
golpe seco
levantando tierra
carreras sin zapatos
pies al vuelo
las ampollas
vapor en olla repleta
fulgor de las sandías
y mangos congelados
con g se escribe gajo
garganta gato
gesto
gusto
garabatos
somos
otra vez los gusanos
jugar de nuevo al tiempo
juntar piedras
manos juntas
manos perras
manos dulce
el pan
salado
solín sale solo
sale solo
solín

to be owners
and not enslaved
because the branding
iron stings
and in red
bullrings
the bulls
alone
with eyes
that have already gone gray
already turned melancholy
already the horns
already dust
and blood
and wooden planks
a sudden blow
dirt rising
a barefoot bullfight
hooves flying
the blisters
steam rising from a full pot
glistening watermelons
and mangoes frozen in space
for a branch we write graph with a g
gargle and gag, a gaggle of cats,
gesture
gusto and pleasure
graphic lines
we are
scribbles and scratches
once more the worms
are playing time again
as we gather pebbles
hold hands
paw in paw
bear claws
sweet
bread
hands
salted
solo, the lonely
soul only goes it
alone

bajo el limón
la naranja
arriba
el cielo
la carpa
rasgada
el circo
cinco de la tarde
sobre un alambre
y se
cae
caerse sin piel
la sangre
la costra renace
y subimos
te vuelves nube
filo de la cornisa
pies al borde
y caes
hacia arriba
van los ecos
el fuego encendido
en la noche
otro año nuevo
revientan luces
trepidantes
hasta la luna
ahí explotan
bajan en fiesta
y las olas
laten
alargan la lengua
levantan el aire
lamentan la arena
revientan
gaviotas
los peces
nos lamen
pez es pescado
brisa fresca
preso frito
prisa por volver
cuántos veranos

beneath the lime tree
the orange tree
reaching
to the sky
the big top tent
wide open
circus
at five this afternoon
walking the wire
and falling
dropping with without skin
blood
the scab comes alive again
and we rise
you turn to cloud
threading the ledge
feet at the edge of the cornice
as you fall
upward
echoing flying
fire lit
at night
for another new year
lights climbing
skyward
to the moon
and bursting
and falling in celebration
and the waves
throb
and lengthen the tongue
language lifting air
lamenting the sand
seagulls
bursting
open fish
licking
us
from fish to fillet
a fresh breeze
fried captive
a rush to return
the many summers

castillos sin nombre
nos dicen
cuentan
que había una vez
la rueda de la fortuna
la lágrima
un mal parto
mal parado
una ternura
dos caricias
tres tristes escarabajos
por qué las agujas
y las mariposas
si la suerte no gira
y hay un mal
del otro lado
pero aquí
tú ya verás
tierno caníbal
aquí
para siempre
tendremos diez años

/

aquí mis manos. pegadas
a tu frente febril llevan el frío
amarillo de las cosas
que se olvidan.
aquí el domingo. de tarde
se guarda el contrabando
y las galletas
sostienen altivas
las hebillas sembradas en la piel

aquí.
cuando tú vuelvas
habrás de encontrar tu nombre
revoloteando al pie de las gallinas
rascándose la sarna de los perros.

the nameless castles
telling us
to say
that once upon a time
the ferris wheel
the tear
a rough birth
stopped in labor
tenderness
two caresses
three sad scarabs
beetles and needles
and butterflies
if the luck holds
there will be no evil
from the other side
but here
you will see
my tender cannibal
here
you will find
that we remain
ten-year-olds
forever

/

here are my hands. glued
to your feverish brow bringing the yellow
chill of things
forgotten.
here on sunday. in the afternoon
the forbidden is hidden
as are the cookies
hold high
the belt buckle etched into skin

here.
when you return
you must look for your name
swirling at the feet of chickens
scratching mangy dogs.

aquí todas las paredes. recuerdan
el alarido de mil mentiras
y tu sonrisa de esclava
en fuga.
aquí se dice en silencio.
y sin embargo un susurro
un silbido
hace estallar la lluvia
sobre los techos de lámina
y la tierra llora
muy adentro
sus semillas.
aquí brotan.
aquí caen.
aquí empiezan
aquí.
se duerme de día
porque el sol amenaza
derretirnos
hasta los huesos.
aquí hay altares con fotos
con flores y vasos de agua
donde tropiezan
ciertos mosquitos que tú
sin dudarlo
matarías

aquí todo sigue igual. las tardes
son una uña
enterrada un
ojo ciego de
pescado.
aquí duele algo
aquí otra vez la sangre
seca
seca.

yo sólo digo. por decir
sólo
porque recuerdo
un cierto sabor
a sal.

here all the walls. remember
a thousand howling lies
your smile like a slave's
as she flees.
here they speak in silence.
and yet a whisper
the hiss
of rain crashing
over tin rooftops
and earth weeping
deep inside
with her seeds.
sprouting here.
falling here.
beginning
here.
sleeping by day
because the sun threatens
to melt us
down to bone.
here are altars with photos
with flowers and water glasses
where certain mosquitoes
stumble
and you would kill them
without hesitation

everything remains the same here. afternoons
are a buried
fingernail
a blind
fish eye.
something hurts here
here again
dry
dry blood.

i only speak. just to say
something
because i remember yet
a certain taste
of salt.

CAJA DE JUGUETES

algo debe morir constantemente
para que lo demás siga viviendo.

Jaime García Terrés

TOY BOX

*something must constantly die
so that everything else may go on living.*

Jaime García Terrés

I

    hay preguntas que caen en la frente como
            un zarpazo de lobo.
                mamá me lo decía. y su silencio era limpio.
    hay secretos que se cuentan sólo hasta que los dedos
            se vean salpicados de pequeñas culpas color sepia.
        mamá se frota las manos con cremas de concha nácar antes
                de irse a dormir.

bajo las uñas se esconden las otras preguntas, las más
mugrosas. por eso mamá se empeña con el cepillito hasta
hacer roja la espuma. es necesario pulir los callos y dejar
la piel blanda. así se aprende mejor.
    decir no a las preguntas.
        mamá estaría orgullosa.

II

mamá sale a tiempo.
a tiempo al amanecer nos transformamos
:
si yo fuera un juguete sería esa palabra impronunciable,

                                          cal—
un azote de sol en los muros de la escuela,

                                          cale—

lo profundo al fondo del tímpano en las malas palabras,
las que no decimos porque dicen te qu

                                          i—

latina, dice la maestra y repite mis manos amarradas con las sogas de mis sílabas
garabatos otra vez
:
nadie lo entiende salvo tú y yo

                                          dos—

en silencio los negros minutos de recreo, en que pisan mi sombra con sus
risas de hiena, despedazan bestias mi pan con mermelada
        por qué
nadie te mira

I

some questions land on your forehead like a blow from a
wolf's paw.
mother said so. and her silence was pure.
some secrets are shared only until you notice your fingers
are splattered with little sepia-colored sins.
mother lathers her hands with mother-of-pearl cream
before bed.

under her nails other questions hide, the filthiest of all. that's
why mother scrubs them with a brush until the foam goes
red. you must polish off calluses to leave the skin soft. you'll
learn better that way.
answer no to every question.
mother would be proud.

II

mother leaves on time.
on cue, at dawn, we begin our transformation
:
if i were a toy, i would be this unpronounceable word
                                                    kal—
a whiplash of sunlight on the school walls,
                                                   kaleid—

a collision in the deep bottom of the eardrum when hearing bad words,
the ones we don't say because of they mean
                                                       i—

lov—the latin i says our teacher and repeats it, my hands bound with the rope
of my syllables scribbled again
:
no one understands except the two of us
                                                  dos—

in silence, those dark minutes of recess when they stomp on my shadow
with their hyena laughter, tearing my bread and jelly to pieces like beasts
                 why
no one even sees you

y sí las sumas, los signos mayor que menor que <
cómo se miden las horas que faltan, cómo cuentan cada día tuyo sin hacer la tarea

copio

y mis manos hinchadas y las trazas de tiza
    las trazas de ira   no entendí nada.

el timbre y yo nos quebramos en la angustia de la espera.

te guardo en mi bolsillo
:
pronto saldremos a dar vueltas bajo el sol.

III

    bella imagen que miro y cierro los ojos
        :
el espejo gira revelando el secreto de un paraíso intocable, la torpeza de mi lengua
    cuando se repite, cuando te repite, sin decirte nunca
        si tú fiera
        si tú furia
            si tú fueras
    girarías también
    para recordarme
    que vives multiplicándote
    y yo debería apurarme con las sumas

hay historias de colores
    ave invisible y triste
hay historias de gigantes con un ojo
    un ojo solo
        como un mudo
como el nudo ciego
    de esta garganta que me dejaste a cuidar

hay muchas líneas en los mapas
    y agua
no sabes cuánta
no sabes cuántos
ríos
no lo sabes
si los vieras

but they watch numbers add up, sums and symbols greater or lesser than <
how to measure the remaining hours, how to count the days you didn't do
your homework

                                                copio

and copied, my swollen hands and traces of chalk
      traces of rage   i didn't understand a thing.

the bell and i both break from the anguish of waiting.

i keep you in my pocket
:
soon we'll leave to spin circles in the sun.

III

                i see a beautiful image and close my eyes
                              :
the mirror turns, revealing the secret of untouchable paradise, my tongue clumsy
     as it repeats itself, as it repeats after you, without ever telling you
                 if you were fierce
                    if you were furious
                              if you fled
              you would turn around
                to remind me
          that you live by multiplying
       and i need to hurry up with my addition

there are stories about colors
                sad, invisible bird
stories of one-eyed giants
        only one eye
        aphonic
like a blind knot
        in this throat that you've left me to tend alone

there are so many lines on maps
        and water
you don't know how much
you don't know how many
rivers
you don't know
if you could see them

tu sed se apagaría de azules y vendrías a pintar
            conmigo
los colores robados a la arena.

pero mamá se acerca
            cerca la puerta
y yo
            cíclope ciego que soy
cierro mi ojo
y me pongo a dibujar
            sin ti
las líneas de tus manos.

IV

hay recuerdos que se entierran en la carne y a veces salen por encima de la piel como un volcán furioso.
       mamá me lo decía. y su silencio era denso.

hay trampas que estrujan los ojos hasta secarlos y con ellos al resto del cuerpo.
       mamá dice dos litros de agua al día. pero ella sigue seca. mamá lucha contra el sol. se refugia a la sombra de las vitaminas y las lechugas. una capa blanquísima y espesa sobre su piel franela. una hora de ejercicio al día. el agua, lo más importante.
       mamá se sigue a sí misma al pie de la letra.
       mamá no tiene lágrimas.

V

si fuera ella me perdería en un camino de escaleras y serpientes
pero ahora debo aprender a nadar, a llenar los pulmones de aire
      no de miedos
a obedecer cada orden y a cortar con mi cuerpo la falsedad de las albercas.

el sol en el agua también es mentira
me llena los brazos
      la lengua de
cristales oscuros

no he aprendido todavía las unidades de distancia

your thirst would be quenched in blue, and you would come paint
        with me
in colors stolen from the sand.

but mother draws nearer
        comes close to the door
and i
        blind cyclops that i am
close my eye
and start drawing
        without you
the lines on your hands.

IV

        some memories bore into flesh, sometimes surfacing
        on the skin again like raging volcanoes.
            mother told me. and her silence was thick.

        some traps wring our eyes dry and with them the rest of the
        body shrivels.
            mother says drink two liters of water a day.
but she's as parched as ever. she battles the sun, takes
refuge in the shade of her vitamins and lettuce leaves. thick,
bright white layers cover her flannel skin. one hour of exercise
daily. but most importantly, water.
            mother follows her own lead exactly
            mother has no tears.

V

if i were her, i'd get lost on a path of snakes and ladders
but now i must learn to swim, fill my lungs with air
        not fear
follow every order and cut through the fallacy of swimming pools with my body.

the sun on the water is another lie
filling my arms
        my tongue
with dark crystals

i have yet to learn units of distance

y sin embargo v e i n t i c i n c o   m e t r o s
se tragan mi piel y la vomitan seca en una orilla de cemento

yo no sé respirar así
:
con la impaciencia de los segundos que mueren milésimamente después

esta angustia de cloro tiene el sabor de un mal sueño
me arde extender cada brazada
tan sólo para herirme de suspiros vanos

yo quisiera poner fin a este viaje en línea recta
pero el castigo se apura
y mi cuerpo torpe
        mi cuerpo tonto
                mi cuerpo
tantas veces sorprendido
es arrojado al centro del agua

la única ola capaz de contenerme
es la de mi sangre
        bullente y brava.

VI

si yo fuera el mar
        un pez
las algas babosas lamiendo la orilla
podrías venir a jugar
:
hay un empedrado que no es de piedra
        es de nácar
y forma un camino secreto hacia un rincón de la memoria.

si vieras las casas de los cangrejos sabrías que a veces la sal sale sola
        sin ti
y se acumula en las pardas torres de cada castillo que olvidaste derruir
con tu malicia
de sirena
muda

los niños nunca perdonan
        ¿sabes?

        and yet these t w e n t y - f i v e   m e t e r s
drink up my skin and vomit it back dry on the concrete shore

i don't know how to breathe like this
:
impatient as the seconds that die milliseconds later

anguished chlorine that tastes of bad dreams
burning me as i extend each stroke
only to wound me and my pointless sighs

i would like to end this trip taken in a straight line
but punishment is in a hurry
and my clumsy body
        my stupid body
                my body
surprised so many times
hurled into the middle of the water

the only wave capable of containing me
is my own blood
        boiling and brave.

VI

if i were the sea
        a fish
slimy seaweed licking the shore
you could come and play
:
here the paving isn't stone
        but mother-of-pearl
leading down a secret path into a corner of memory.

if you could see the crab houses, you would know that sometimes sea salt leaves alone
        without you
accumulating in the brown towers of every castle you forgot to flatten
        with your mute
        mermaid
        malice

        didn't you know?
children never forgive.

entorpecen mis pasos como si yo fuera tú
y tú
el rey de la arena
el sabio que sabe
la edad exacta
los nombres
de las olas
y las alas
de las casas
con palomas

mamá me escucha y desaprueba
      olvidar es mágica palabra
debe saber que la voz que escucho es tuya
y vive escondida en el laberinto de las caracolas.

VII

 hay dolores que aprietan como un mordisco en el corazón.
    mamá nunca lo diría. pero lo sabe.
     y su silencio es tan turbio como el sol de las albercas.
 dice que es un deber el recordar las cosas útiles para la vida. las
que se dicen con números o con palabras extensas.
    mamá no cierra los ojos sin antes pasar el capítulo
de un libro. sin sacar las cuentas justas del gasto de cada
día.
    mamá finge que no sabe de qué color son las flores
en las coronas de muertos. pero he visto el lazo negro
anudado a su conciencia. he escuchado el crujir de sus
pesadillas rojas.

mamá toma píldoras para no soñar.

VIII

   apúrate más rápido de prisa
porque a ella el tiempo se le escapa
   como la frágil dulzura de su licuado energético
yo debo seguirle el paso
   sin mirar atrás.

slowing my steps as if i were you
        and you
king of sand
wiseman who knows
the exact age
and names
of the waves
and houses
with winged roofs
and doves

mother hears me and does not agree
                  forget is a magic word
she must know the voice i hear is yours
and lives hidden away in the labyrinth of seashells.

VII

some pain tightens like a bite to the heart.
    mother would never say that. but she knows.
    her silence is as turbulent as sun in a swimming pool. she says, remembering the useful things in life is a duty. the things we say with numbers or long words.
    mother never closes her eyes without first finishing the chapter in a book. without balancing her accounts for the day.
    mother pretends she doesn't know what color the flowers are on the death wreathes. but i have seen the black ribbon tied in a bow around her conscience. i have heard the crackling of her red nightmares.

    mother takes pills so she won't dream.

VIII

    hurry up faster hurry
because time is slipping away from her
    like the fragile sweetness of her energy drink
i must keep up with her
    and never look back.

si fuera ella abrazaría la pauta de un reloj de arena con todos sus números
disueltos entre retazos de playa
y así estaría
:
suspendida en la sorpresa de haber vencido al segundero

pero no. hay que contar los días como se cuentan las horas
        como se cuentan los años
      y las notas altas
las bajas
      con rojo se pagan

pero hay fechas en el calendario e instantes que azotan con la premura de los huracanes
      y dicen
nada se puede en su contra.

no me importa
:
      yo ya he guardado mi ceguera y tus secretos
en la blancura del uniforme de los lunes.

ahora escucho un semáforo en cuenta regresiva
        :
      la marea es roja
        y tiene miedo.

IX

si fuera una ronda
sería de noche
la nota disuelta en los grillos del sueño
si fuera ese juego de pares y nones
podría contar
sin los dedos
de memoria
...

pero nada tengo
nada soy nada
recuerdo
si no lo dijiste susurrando en el pleno temblor de una mentira

if i were her i would embrace the hourglass' shape, its numbers dissolving
into remnants of beach
and i would end up like this
:
suspended in surprise at having won the race with the second hand

but no. we must count days like you count hours
        as you count years
        and high notes
low notes that pay
        in red

but dates remain on the calendar, moments whose blow lands with a hurricane's urgency
        saying
nothing can be against them.

i don't care
:
        i have already harbored my blindness and with your secrets
in the whiteness of monday's uniform.

now i hear a traffic light counting down
        :
        the tide is red
            and afraid

IX

were i chanting nursery rhymes in the round
it would be nighttime
my notes dissolving into dream crickets
were i that game of odds and evens
i could count
without fingers
of memory
. . .

but i have nothing
am nothing
remember nothing
you haven't told me, whispering in the earthquake of lies

si fuera ese juego de cartas perdería cada vez de una manera más torpe
como si levantara el vuelo niño de las gallinas más gordas
como si trajera hasta la mesa la hostilidad de los gatos

        soy la carta
                incorrecta
siempre
la incorrecta

        el paso en falso
          después de la raya
la última en fila
la última
en salir
hablar
contar
mentir
olvidar

        ¿por qué los verbos deben ir en rojo
        como ciruelas podridas?

y luego los números
tantos
los ceros
multiplicándose
y las raíces sin árbol
y las cuadraturas
los signos
        dividiendo
                lo invisible
cuando a mí tan solo
            1
        el único solo
        me dice algo serio
            algo tuyo
        algo del tiempo en que tu voz nos inventaba.

pero hay un final cerca
        dicen
y las cercas de las horas

were i this card game i'd lose each time in the dumbest way possible
like the plumpest chickens lift in child's flight
as if bringing scowling cats to the table

      i am
            always
the wrong message
the wrong one

      the misstep
      the false move
      after the dash
the last in line
the last
to
go
speak
count
lie
forget

      why must verbs turn red
      like rotten plums?

and then numbers
so many
zeros
multiplying
and roots without a tree
and squares
symbols
      dividing
          the invisible
when i have a remainder of only
            1
      the only one
      tells me something serious
          something from you
    something from the time your voice created us.

but an end is near
      they say
and the fences of hours

traerán noches carnívoras
        sombras de otros números
y muchos espejismos
. . .
mamá me mira
:
monta en una furia de claveles en guerra
y grita con la equis
también roja
casi rota
casi lágrima
de mi libreta a cuadros

mamá no comprende
tendría que explicarle
tendrías que decirle
con números
con letras
con el orgullo aterido ante el lomo de los diccionarios
que eres tú la que vive
la que juega
a cambiar el sitio de las cosas
a iluminar, todos los días, las cicatrices con el lápiz de los verbos.

X

hay días que se repiten como el tic tac de un reloj insaciable. cavan túneles rojos en el mero centro de lo que duele y mata.
        mamá, cómo lo repetía
        :
-*no abras las manos porque se ensucian.*
-*no lleves lejos los pies porque se cansan.*
-*no digas corazón porque se rompe.*

mamá detiene el ruido del motor a las puertas del cementerio y una lágrima se contonea por la perfecta piel de su mejilla. (juro que es una lágrima).
mamá me advierte sobre las alergias. qué importante es la vitamina c, la b12, los minerales, los cítricos.
mamá saca un pañuelo y en esa blancura de ángeles se guardan los escombros de la ciudad derruida ante sus ojos (algunos le llaman muerte).

will bring carnivorous nights
        shadows of other numbers and
many mirages
. . .
mother looks at me
:
riding a rage of carnations at war
and screams at me with the x
            also red
            almost broken
            nearly a tear
torn out of my checkered notebook

mother doesn't understand
i'd have to explain
        or you would have to tell her
            in numbers
            in letters
            your pride frozen in the wake of dictionary spines
      that are you, the one who lives
the one who plays
pretending to change the order of things
to illuminate our scars everyday with the verb pencil.

X

        some days repeat like the tic toc of an insatiable clock.
        they bore red tunnels into the very center of what hurts
        and kills.
            mother kept repeating
            :
        -don't open your hands because they'll get dirty.
        -don't lift your feet far because they'll get tired.
        -don't say heart because it will break.

        mother stops engine sound at the cemetery gates and tears
        squiggle down the perfect skin on her cheek. (i swear, it's
        a tear).
        mother warns me about allergies, tells me the importance of
        vitamin c, b12, minerals, citrus.
        mother takes out a handkerchief and in its angel whiteness
        the rubble of the demolished city flashes before her eyes
        (some call it death).

antes de atravesar la puerta, su lágrima me habla. me dice
que tus flores se encuentran ya en su justo lugar.

XI

mamá se oculta en un silencio como el de las caracolas
        que no es silencio
        pero petrifica

mamá se guarda
        se aguarda
en el cuenco de sus manos
olvidadizas
        de mí
        como yo
como el último fruto del calendario
blando y lento bajo mis pies.

aún es diciembre
        pero no hay risa en los cascabeles
        ni ramas en los villancicos
los árboles se duelen con el sol del mediodía y el murmullo de las noches no anuncia
vientos del norte
:
        deben ser estos tiempos
        las crisis
        las grietas
        los temblores
        los polos
              se descongelan
        las selvas
              que hierven a fuego lento
        y los mapas flotando a la deriva
:
así nos arrulla el rumor grisáceo del televisor.

mamá está impasible
        impaciente
        incapaz
        indolente
apenas se estremece en un silencio limpísimo
        como sus perlas de novia
        como sus días de niña.

before we walk through the gate, her tear speaks to me,
telling me your flowers are already resting in their proper place.

XI

mother hides in silence like the quiet inside seashells
        which isn't silence
        but petrification

mother locks herself away
        and is awaited
in the bowl of her hands
oblivious
        to me
        like me
like the last fruit of the season
soft and slow beneath my feet.

it's still december
        but there's no laughter in the bells
        nor branches in these carols
the trees ache under the midday sun and the night's whispers do not announce a northerly wind
:
        these must be times
        of crises
        of cracks
        and earthquakes
        the poles
                are thawing
        the jungles
                simmering over a slow flame
        and maps are floating, drifting away
:
and so grayish murmurs on television lull us to sleep.

mother is impassive
        impatient
        incapable
        indolent
barely even trembling in her pristine silence
        like her bridal pearls
        like her childhood days.

afuera, el calor mordisquea las rosas
y una algarabía de cuervos
nos recuerda que hoy debemos celebrar.

XII

mamá envuelve los regalos
con la obstinación de los relojes
:
sin compasión ni premura

como en el libro negro
        dice
hay un tiempo para todo y todo lleva un tiempo impostergable

ella no sabe del calor
        no lo sabe
tendrías que decirle
        que bajo el sol las cosas
        las aves
        los mares se suspenden
se hacen mundos de otras eras
y esta prisa de pantano se hace agua

tendrías que cantarle la balada del naranjo
        la historia del tierno caníbal
que sin paz ni fuego
se atragantó con tu carcajada
        y se fue trastabillando por el monte
que ahí se hizo presa
        de una brújula exhausta
        de los nortes
        de las tardes
        de la oscura ruta en tierra
                cuando al sur el mar es claro

        pero ella tampoco
        tan poco
entendería.

outside, heat takes small bites out of the roses
and a cacophony of crows
reminds us, today we must celebrate.

XII

mother wraps presents
with the stubbornness of a clock
:
without compassion or haste

like the black book
        she says
for everything there is a season, a time for every urgent purpose

she knows nothing of the heat
                  nothing
you'd have to tell her
        that under the sun everything
        the birds
        the seas are suspended
transforming into worlds from other ages
as swamps rush to become water

you'd have to sing her the ballad of the orange tree
        tell her the story of the tender loving cannibal,
who without peace or fire
choked on your laughter
                and went stumbling over the mountain
where she became prisoner and prey
        of an exhausted compass
                from the north
                from the afternoons
                from the world's dark route
                                      when seas are clear to the south

        such a small thing
        she wouldn't understand it
either.

XIII

      entonces un día se acabaron esos días.
           mamá nunca lo supo, pero hizo hasta lo imposible
por olvidarlo.
           mamá se siguió llenando de recetas a seguir,
paso a paso.
le devolvió al tiempo lo que del tiempo era y a mí lo
que por derecho no me pertenecía. de entre los escombros
nos sacamos los nombres y las fotos a blanco y negro para
permanecer vigentes, adecuadas a cada día de la semana.

maletas en mano y antes de cerrar la puerta, su
rompecabezas me habla. dice que tu barco de papel
siempre estará anclado en su justo lugar.

XIV

así es que preferí abandonar los colores y las olas
porque me regalaste la fiebre de tu último sol
      y yo no sé olvidar una promesa
...
mamá me habla con paños de agua fría
      dice que pronto vendrá la noche
      y con ella habré de crecer hasta olvidar que no sé nada
      :
      entonces contaré con sus medidas
      y no habrá ni un rastro tuyo
      en mi camino

no sabe que el agua ya es pantano
y hay historias que no mueren de ser viejas.

XV

abrí los regalos como se abren los capullos de las flores en invierno
      :
      lenta
      inútilmente

rasgué la paciencia de mamá
hasta ver un paisaje marino

XIII

then one day those days ended.
      though mother never knew about it, she did the impossible by forgetting.
      mother continued filling herself, following recipes, step by step.
to time, she returned what belonged to time. to me, what wasn't rightfully mine. we pulled our names from the rubble and, to stay current, a black and white photo for each day of the week.

before you close the door, suitcases in hand, your puzzle speaks to me, saying your paper boat will stay anchored always at its exact place.

XIV

and so i preferred leaving colors and waves behind
because you gave me the fever of your final sun
    and i don't know how to forget a promise
. . .
mother talks to me with cold washcloths,
    tells me night is coming soon
    and with it i must grow until i've forget i know nothing
    :
    then i will rely on her measurements
    and not a trace of you will remain
    on my way

she doesn't know water is a swamp already
and some stories never die of old age.

XV

i opened these presents the way flowers open in winter
    :
    slowly
    futilely

i ripped up my mother's patience
until i could see the seascape

como un dulce cadáver
suplicando recomponerlo

mamá me miró con un destello terrible
        dónde estaba mi gratitud
        por qué no empecé por la imagen más simple
        qué importaban las piezas faltantes
:
tus barcos de papel
tus canciones

por eso después
        y desde entonces
        cada noche
te escucho partir por un camino que no me atrevo a mirar
porque desde hace mucho
        mucho
tiempo nos lo dijeron
        niña
volver la espalda nos convierte en sal.

like a sweet corpse
begging to be mended

mother looked at me with a terrible flash
        aimed at my gratitude
        why didn't i begin with the simplest image?
        why did the missing pieces matter?
:
your paper boats
your songs

and ever after
        and since then
        each night
i hear you leaving down a road and i don't dare look
because for such a long
        long
time they told us
        girl
turning your back will turn us into salt.

Epílogo

      si me viera
      si estuviera
      si siguiera al ritmo del reloj meticuloso de su ceño
estaría orgullosa

sabría que los días aún gimen y se gastan
como la esperanza en las llagas de los perros
      y la sorna
      y la sarna
      y las armas
           tristes
que me quedan
llevan el lastre
      todavía
de sus olas de cartón

sabría que justo al centro de mi nombre quedaron grabadas las dudas
      como ciruelas de plástico
y que en esta otra orilla
           la marea aún es roja
               y tiene miedo.

Epilogue

      if she saw me
      if she existed
      if she followed the meticulous clock-rhythm of your scowl
she would be proud

she would know the days still moan, passing
like hope in the sores on a dog
          and sarcasm
          and scabies
          and arms
                sad
to leave me
to carry the ballast
            still
on its cardboard waves

she would know my doubts remained engraved there like plastic plums
        at the exact center of my name
and that on this other shore
                      the tide is still red
                          and afraid.

Translator and poet are grateful to the following publications in which the English translations of poems from this book first appeared, including:

Another Chicago Magazine, an excerpt from "Toy Box"

and

Reunion: The Dallas Review, the title poem "The Sweetness of Shipwrecks"

Poet's bio: Karla Marrufo is the author of eight books including novels, poetry collections, chapbooks, plays, and works of literary criticism. Her work has won prestigious awards including: Mexico's National Wilberto Cantón Award in Playwriting, the XVI José Díaz Bolio Poetry Prize, and the National Dolores Castro Prize for Women. She also received a fellowship from the Programa de Estímulo a la Creación y al Desarrollo Artístico en Yucatán (the PECDA, or Program for the Expansion and Development of Creativity and the Arts in the Yucatán), which resulted in the publication of her book *Mérida lo invisible / Mérida the Invisible* (Consejo Editorial de la Secretaría de la Cultura y las Artes de Yucatán). Her recent books of verse include *La Dulzura de los naufragios / The Sweetness of Shipwrecks* (2020) and *Si Mérida tuviera puentes / If Mérida Had Bridges* (2021).

Translator's bio: Allison A. deFreese is a poet and literary translator whose books of verse include *Nurdles and Other Poems* (2022) and *The Night with James Dean and Other Prose Poems* (winner of Cathexis Northwest Press' 2022 chapbook competition). Her translations of Karla Marrufo's work also appear in *Another Chicago Magazine, New England Review, SAND Journal* (Berlin), and other publications. She translated Marrufo's novel *Flame Trees in May* (Dalkey Archive Press and Deep Vellum Publishing, May, 2023) and book of verse The City Within You (Cathexis Northwest Press, 2024).

Also Available from Cathexis Northwest Press:

Something To Cry About
by Robert Krantz

Suburban Hermeneutics
by Ian Cappelli

God's Love Is Very Busy
by David Seung

that one time we were almost people
by Christian Czaniecki

Fever Dream/Take Heart
by Valyntina Grenier

The Book of Night & Waking
by Clif Mason

Dead Birds of New Zealand
by Christian Czaniecki

The Weathering of Igneous Rockforms in High-Altitude Riparian Environments
by John Belk

If A Fish
by George Burns

How to Draw a Blank
by Collin Van Son

En Route
by Jesse Wolfe

sky bright psalms
by Temple Cone

Moonbird
by Henry G. Stanton

southern athiest. oh, honey
by d. e. fulford

Bruises, Birthmarks & Other Calamities
by Nadine Klassen

Wanted: Comedy, Addicts
by AR Dugan

They Curve Like Snakes
by David Alexander McFarland

the catalog of daily fears
by Beth Dufford

Shops Close Too Early
by Josh Feit

Vanity Unfair and Other Poems
by Robert Eugene Rubino

Destructive Heresies
by Milo E. Gorgevska

Bodies of Separation
by Chim Sher Ting

The Night with James Dean and Other Prose Poems
by Allison A. deFreese

About Time
by Julie Benesh

Suspended
by Ellen White Rook

The Unempty Spaces Between
by Louis Efron

Quomodo probatur in conflatorio
by Nick Roberts

Call Me Not Ishmael but the Sea
by J. Martin Daughtry

Wild Evolution
by Naomi Leimsider

Acta
by Patrick Wilcox

Practising Ascending
by Nadine Hitchiner

Home Visit
by Michal Rubin

LA CIUDAD EN TI: THE CITY WITHIN YOU
by Karla Marrufo
Translated from the Spanish by Allison A. deFreese

Resin in the Milky Way
by Amanda Rabaduex

Bone Hunting
by Trinity Catlin

Muskets for the Bear Problem
by Andrew Whitmer

Self-Portraits as a Reddening Sky
by Samuel Gilpin

Desert
by Eric Larsh

Fractured Symphony
by Andi Myles

Leaving the Religion of Self-Harm
by Bailey Blumenstock

Cathexis Northwest Press

www.ingramcontent.com/pod-product-compliance
Lightning Source LLC
Chambersburg PA
CBHW060536080526
44586CB00012B/761